BEI GRIN MACHT SICH IHR
WISSEN BEZAHLT

- Wir veröffentlichen Ihre Hausarbeit,
  Bachelor- und Masterarbeit

- Ihr eigenes eBook und Buch -
  weltweit in allen wichtigen Shops

- Verdienen Sie an jedem Verkauf

Jetzt bei www.GRIN.com hochladen
und kostenlos publizieren

GRIN

Alex Elisabeth Eigenseer

Aus der Reihe: e-fellows.net stipendiaten-wissen

e-fellows.net (Hrsg.)

Band 359

Die Steingutfabrik Damm und ihre Entwicklung im 19. Jahrhundert

GRIN Verlag

Bibliografische Information der Deutschen Nationalbibliothek:

Die Deutsche Bibliothek verzeichnet diese Publikation in der Deutschen National-
bibliografie; detaillierte bibliografische Daten sind im Internet über http://dnb.d-
nb.de/ abrufbar.

Impressum:

Copyright © 2010 GRIN Verlag GmbH
Druck und Bindung: Books on Demand GmbH, Norderstedt Germany
ISBN: 978-3-656-10198-7

Dieses Buch bei GRIN:

http://www.grin.com/de/e-book/186919/die-steingutfabrik-damm-und-ihre-entwick-
lung-im-19-jahrhundert

Die Steingutfabrik Damm und ihre Entwicklung im 19. Jahrhundert

Maria-Ward-Schule

Mädchengymnasium der Maria-Ward-Stiftung Aschaffenburg

Abiturjahrgang 2011

Seminararbeit

Leitfach Geschichte

Rahmenthema: Geschichte des 19. Jahrhunderts in Deutschland

Die Steingutfabrik Damm und ihre Entwicklung im 19. Jahrhundert

Verfasserin: Alex Eigenseer

Abgabetermin: 9. November 2010

Bewertung: Note der schriftlichen Arbeit (einfach):   _____(S)

                 Note der Abschlusspräsentation (einfach): _____(M)
am: _____

                 Gesamtpunktzahl (einfach):
(3·S + M) / 4 =   gerundet   _____

                 Gesamtpunktzahl (doppelte Wertung):
nach § 61 (7) GSO
(3·S + M) / 2 =   gerundet   _____

Abgabe beim Direktorat am _____

_____
Unterschrift des Kursleiters / der Kursleiterin

Inhaltsverzeichnis

1. Stellenwert der Steingutfabrik Damm und ihrer Erzeugnisse im 19. Jahrhundert

Die Gründung einer Steingutfabrik in Damm bei Aschaffenburg[1] im Mai 1827 bedeutete zu dieser Zeit die Errichtung eines Betriebes, der in ganz Unterfranken bisher nicht vertreten war. Wo zunächst nur Gebrauchsgeschirre wie Teller, Tassen, oder Krüge produziert wurden, entstanden zur Blütezeit in den Jahren 1840-1860 sogar eigene Figurenformen, die der Fabrik das Ansehen einer eigenständigen Manufaktur verliehen. Dieses erstreckte sich über den regionalen Bereich hinaus. Die Erzeugnisse der Steingutfabrik Damm konnten auf Ausstellungen in Paris, Würzburg, Wien und auch München bewundert werden, wo die Geschirre der dortigen Ausstellung im Jahre 1835 folgendermaßen beurteilt wurden:

> „Diese leichtgeformten und gut gebrannten Geschirre von weißem und bedrucktem Gute empfehlen sich ebenso durch ihr äußeres gefälliges Aussehen als durch die Billigkeit der Preise. Der farbige Ueberdruck ist vollendet zu nennen und wird von keiner Fabrik des Auslandes übertroffen."[2]

Bei Sammlern beliebt und von Autoren zeitgenössischer Schriften gelobt erfreute sich die Steingutfabrik Damm eines sehr guten Rufes und war somit überregional hoch angesehen und auch in wirtschaftlicher Hinsicht ein bedeutendes Unternehmen des 19. Jahrhunderts.

2. Die Steingutfabrik Damm und ihre Entwicklung im 19. Jahrhundert

2. 1 Vorgeschichte

2. 1. 1 Importverringerung und Kostensenkung

Die Vorgeschichte der Steingutfabrik Damm begann in England, wo Verbesserungen in der Herstellung des Steingutes durch den Töpfer Josiah Wedgwood[3] dazu führten, dass auch in Deutschland die Nachfrage erheblich stieg. Denn dieses verbesserte Steingut konnte konkurrieren mit dem bisher bevorzugten, jedoch teuren Porzellan. In Unterfranken musste zu dieser Zeit das Steingut aus England importiert werden, da dort

---

[1] Damm gehört erst seit 1901 zu Aschaffenburg
[2] Krämer, Werner, Erinnerungen an das "Dammer-Porzellan", in: Mitteilungen aus dem Stadt- und Stiftsarchiv Aschaffenburg, Aschaffenburg 1990-1992, S. 54
[3] Josiah Wedgwood war ein englischer Unternehmer, der das Töpferhandwerk industrialisierte.

ein entsprechendes Unternehmen fehlte. Daher hatte man das Ziel, die durch den Import verursachten Zoll- und Reisekosten durch ein eigenes Gewerbe zu verringern, um dem Bedarf an Steingut im Lande billiger nachkommen zu können. Auf diese Weise sollte außerdem die eigene Wirtschaft in Schwung gebracht und die Ausgaben, die nach England getätigt wurden, vermindert werden.[4]

2. 1. 2 Gründungsversuch des Dr. Franz Seraph Czihak

Dr. Franz Seraph Czihak, ein Aschaffenburger Arzt, hatte als erster Unternehmer die Absicht, Steingut in Aschaffenburg herzustellen. Dazu erwarb er in den Jahren 1804 und 1805 die Gebäude und Utensilien, die er zum Verarbeiten von Ton benötigte; diese wollte er letztendlich in eine Steingutfabrik umfunktionieren.

Nachdem er mit Aschaffenburger Tonerde experimentiert hatte und bereits erste Erfolge in der Produktion von Steingut aufweisen konnte, schickte er einige Proben an einen Gutachter der Regierung mit einer Bitte um staatliche Unterstützung seines Gründungsprojektes. Er behauptete, ein qualitativ hochwertigeres Geschirr als das des Engländers Wedgwood produzieren zu können, weshalb es im Interesse des Staates liegen sollte, ihm bei seinen weiteren Arbeiten zu helfen.

Seine Ansprüche waren hoch: Er verlangte unter anderem ein allgemeines Verbot für das Gründen einer weiteren Steingutfabrik über einen Zeitraum von 25 Jahren und absolute Zollfreiheit für den Import und Export bestimmter Waren oder Rohstoffe. Da das Gutachten über seine eingeschickten Steingutproben aber eher mittelmäßig als brillant ausfiel, wurden seine Forderungen stark eingeschränkt und er erhielt lediglich die Erlaubnis, über 10 Jahre eine Steingutfabrik zu führen.

Viele Jahre verbrachte Dr. Czihak damit, Verhandlungen um Geldzuschüsse oder Privilegien mit Regierung und Gemeinde zu führen, wobei er immer mehr verlangte, ihm schließlich jedoch vieles verwehrt blieb. Im Jahre 1815 war er die ständigen Kämpfe leid und gab seine Pläne gänzlich auf.[5]

Dies hätte bereits der Anfang der Steingutfabrikation in Aschaffenburg sein können, jedoch führte die Großspurigkeit der zentralen Person in dieser Angelegenheit, Dr. Franz Seraph Czihak, zu deren jähem Ende. Man könnte fast bedauern, dass jener später

---

[4] vgl. Stenger, Erich, S. 15
[5] vgl. Stenger, Erich, S. 16 ff.

nicht mehr in Aschaffenburg lebte, um Zeuge der großen Erfolge, die in der Steingutfabrikation noch erzielt wurden, zu werden.

2. 2   Gründungsgeschichte

2. 2. 1 Die Steingutfabrik des Professor Anselm Strauß

Der gebürtige Aschaffenburger Professor Anselm Strauß fasste neun Jahre später den Entschluss eine Steingutfabrik in Aschaffenburg zu gründen. Als Professor der Chemie an der örtlichen Karls-Universität[6] begann er im Jahre 1824 damit, Tonproben verschiedener Arten zu sammeln und chemisch zu untersuchen. Dabei erkannte er die Vielfalt an Tonarten und Mineralien die Aschaffenburg zu bieten hatte und bemühte sich daraufhin ab August 1826 um die Erlaubnis, dort eine Steingutfabrik gründen und leiten zu dürfen; diese erhielt er im Mai 1827. Bereits zwei Jahre später übergab Strauß die Fabrik seinem Geldgeber, einem Handelsmann aus Frankfurt, und schied aus dem Unternehmen aus. Der Grund: Anna Maria Müller, eine vermögende Aschaffenburgerin, hatte die Erlaubnis im Mai 1827 ebenfalls erhalten und eine Steingutfabrik in Damm gegründet. Diese stellte eine große Konkurrenz für die Fabrik des Strauß dar und brachte mehr und vor allem qualitativ hochwertigeres Steingut hervor.

Im Jahre 1833 erfolgte die öffentliche Versteigerung der Fabrik, die Strauß erst 1827 gegründet hatte. Der Grund für den jähen Niedergang war die Steingutfabrik Damm, deren Konkurrenz man nicht gewachsen war. Und doch hatte das Unternehmen des Professor Anselm Strauß erheblichen Einfluss auf die Erforschung der Steingutherstellung im benachbarten Damm gehabt. Daniel Ernst Müller, der die Fabrikation in Damm leitete, war ein Schüler des Professor Strauß gewesen und hatte in seinen Vorträgen viel gelernt, was ihm für seine bevorstehende Fabrikleitung nützte; später war er auch bestrebt, das Fabrikgebäude des Strauß zu ersteigern. Außerdem gingen 1837 einige Wiesen, die ursprünglich Strauß zur Tongewinnung genutzt hatte, in den Besitz der Steingutfabrik Damm über.[7]

Die Steingutfabrik Damm war somit zwar teilweise für den Untergang der Aschaffenburger Fabrik verantwortlich gewesen, jedoch hätte sie sich ohne den Einfluss

---

[6] Aschaffenburger Universität von 1809-1818
[7] vgl. Stenger, Erich, S. 22 ff.

der Steingutfabrik des Professor Anselm Strauß sehr wahrscheinlich in eine andere
Richtung entwickelt.

2. 2. 2 Der Streit zwischen Strauß und Müller

Der Streit zwischen Professor Strauß und seiner Konkurrentin Anna Maria Müller
entbrannte 1827, als beide Parteien eine Steingutfabrik gründeten und einen Antrag zur
Erlaubnis der Fabrikführung an die Regierung stellten. Strauß, der sich selbst als
Begründer der Idee, die Steingutfabrikation nach Aschaffenburg zu bringen, sah,
richtete im Juni 1827 eine Bitte an den König, man möge die Eingabe der Anna Maria
Müller nicht eher bearbeiten als seine eigene. Er argumentierte damit, dass die
wohlhabende Witwe des kurmainzischen Hofkontrolleurs[8] Arnold Müller *unbezweifelt
nur den Namen hergiebt*[9], um ihn zu verdrängen. Anna Maria Müller verfasste
daraufhin einen Brief an einen Würzburger Grafen, zu dem sie persönliche Beziehungen
pflegte. Dieser sollte ihr helfen, ihre Fabrikationsansprüche durchzusetzen. Sie sprach in
ihrem Brief den Aspekt an, die Ware ins Ausland exportieren zu können:

„ ... aber das kann ich ... versichern, dass bereits das ... Steingut in guter Qualität
in meiner Fabrik zu haben ist, und dass ich in wenigen Wochen im Stande bin,
auch die feinere Waare in den Verkehr bringen zu können, und somit ein
Bedürfnis befriedigt werden kann, welches seither das Ausland befriedigt hat."[10]

Im Januar 1828 erfuhr Anna Maria Müller, dass die Beschwerden des Strauß nicht zur
Kenntnis genommen wurden. Die Steingutfabrik Damm konnte somit weiter wachsen
und überholte die Konkurrenz gänzlich. Nach dem Austritt des Strauß aus seinem
Unternehmen beruhigte sich der Streit zwischen ihm und Anna Maria Müller
allmählich, und nach der Versteigerung seiner Fabrik hatte die Familie Müller das
Gewerbe allein in der Hand. Die Steingutfabrik Damm hatte somit ihre ersten
Schwierigkeiten bewältigen können. Der letzte Schritt, der nun noch folgte, war die
Übergabe der Fabrik mit allen Waren- und Materialvorräten von Anna Maria Müller an
ihren Sohn, Daniel Ernst Müller im Oktober 1828.[11] Damit waren die
Gründungsvorgänge abgeschlossen und die Steingutfabrik Damm konnte zu

---

[8] Überwacht die Wirtschaftsführung im kurmainzischen Gebiet
[9] Stenger, Erich, S. 30
[10] Stenger, Erich, S. 31
[11] vgl. Stenger, Erich S. 30 f.

- 7 -

einem bedeutenden Unternehmen heranwachsen.

2. 3   Aufwertung der Steingutfabrik Damm

2. 3. 1 Privilegium

Der gesamte Besitz[12] der Steingutfabrik Damm bestand zum einen aus der Herrenmühle[13], wo die Verarbeitung der Rohprodukte stattfand. Diese lag gegenüber dem eigentlichen Fabrikgebäude[14], in welchem sich die Brennöfen zur Produktion des Steingutes befanden. Hinzu kamen noch einige tonhaltige Äcker im Umkreis der beiden Gebäude. Mit diesen Baulichkeiten und dazugehörigen Grundstücken hatte die Steingutfabrik Damm eine Größe, die mit keinem Unternehmen in der Region verglichen werden konnte; dennoch strebte der Fabrikbesitzer Daniel Ernst Müller danach, seiner Fabrik eine noch angesehenere Stellung zu verschaffen. Hierzu war ein Privilegium nötig, durch welches die spezielle Steingutherstellung der Steingutfabrik Damm offiziell beurkundet wurde, um Nachahmungen vorzubeugen. Denn Daniel Ernst Müller hatte durch zahlreiche Versuche mit verschiedenen Materialien Verbesserungen der Brennöfen und schließlich auch der fertigen Produkte hervorbringen können. Im Mai 1830 wurde ihm das Privilegium erteilt, das ihn als Entdecker dieser neuen Verfahren anerkannte.[15]

Die Gewährung des Privilegiums war ein Zeichen für das hohe Ansehen der Steingutfabrik Damm schon drei Jahre nach ihrer Gründung. Außerdem zeigt dies auch, dass die Qualität des Dämmer Steingutes besonders lobenswert und vor allem einzigartig war.

2. 3. 2 Erwerb der Höchster Figurenformen

Im Jahre 1840, als die Steingutfabrik Damm an ihrem wirtschaftlichen Höhepunkt angekommen war, erfolgte der Ankauf der Figurenformen der ehemaligen Porzellanmanufaktur[16] in Höchst am Main[17] durch den Fabrikleiter Daniel Ernst Müller.

---

[12] Abb. Nr. 1
[13] Abb. Nr. 2
[14] Abb. Nr. 3
[15] vgl. Stenger, Erich S. 39 f.
[16] Porzellanmanufaktur von 1746-1796
[17] Seit 1928 Stadtteil von Frankfurt am Main

Aus den Formen, die ursprünglich für die Herstellung von Porzellan bestimmt waren, fertigte man nun in Damm Steingut von höchster Qualität an. Etwa 400 Figuren - es handelte sich hierbei meist um die Darstellung von Kindern - entstanden auf diese Weise, zusätzlich noch eigene Dämmer Kreationen, die zur eindeutigen Erkennung mit einem „D" markiert wurden. Die Tatsache, dass in Damm Steingut nach den Formen der Höchster Porzellanfiguren hergestellt wurde, ist in der Hinsicht beachtlich, dass sich in der Gesellschaft des 19. Jahrhunderts nun auch die breite Schicht der Arbeiter statt nur dem Adel an der Kunst erfreuen konnte, welche verhältnismäßig preiswert war. Außerdem erlangte die Steingutfabrik Damm durch die Ausformung der Höchster Figurenformen ihre besondere kunstgeschichtliche Bedeutung.

Die Dämmer Nachbildungen wiesen oft kleine Unterschiede im Vergleich zu den Höchster Porzellanfiguren auf. Wie zum Beispiel beim „Bekränzten Schläfer"[18], wo ein ursprünglich beim Höchster Porzellan vorhandener Kranz in der Hand des Mädchens fehlt, waren diese Unterschiede darauf zurückzuführen, dass der entsprechende Teil, in diesem Fall der Kranz, beim Transport der Höchster Figurenformen nach Damm verloren ging. Weiterhin erhielten die Figuren in Damm zum Teil sehr kräftige Farben, die den eigenen Stil der Steingutfabrik Damm repräsentierten. Ein Beispiel hierfür ist der „Knabe mit Schlitten"[19] mit seiner rosafarbenen Weste, die im Kontrast zu der grünen Hose steht.

Genau diese Eigenheiten der Steingutfiguren aus Damm bewirkten, dass sie bei Sammlern ebenso beliebt wurden wie die entsprechenden Höchster Porzellanerzeugnisse.[20]

Doch wirkte sich der Erwerb der Höchster Figurenformen nicht nur positiv auf die Entwicklung der Steingutfabrik Damm aus; schließlich lebte die Tradition der Höchster Porzellanmanufaktur in den figürlichen Erzeugnissen der Steingutfabrik Damm weiter.

---

[18] Abb. Nr. 4
[19] Abb. Nr. 5
[20] vgl. Ohlig, Stefanie, Erfolgreiche Karriere der Höchster Modelle in Damm und Passau, in: Fichte, Luhmann, 250 Jahre Höchster Porzellan, Höchst 1996, S. 52 ff.

2. 4   Wichtige Persönlichkeiten

2. 4. 1 Daniel Ernst Müller

Daniel Ernst Müller, seit Oktober 1828 Eigentümer der Steingutfabrik Damm, war mehr als nur ein einfacher Unternehmer. Neben seiner Beschäftigung als Fabrikleiter war es sein Ziel, die Gesellschaft zu bessern und die Menschen in seinem Umfeld zu beglücken. Im Jahre 1829 gründete er die „St. Antoniusbruderschaft der privilegierten Steingutfabrik in Damm", die dem Zweck diente, die Fabrikarbeiter der Steingutfabrik in Krankheitsfällen zu unterstützen und vor finanzieller Not zu bewahren. Auf diese Weise musste keiner Müllers Arbeiter jemals um staatliche Unterstützung bitten, denn jeder von ihnen erhielt bei Krankheit nicht nur ärztliche Behandlung und Medikamente, sondern auch ein tägliches Krankengeld.[21]

Zudem betrachtete Müller seine Fabrik nicht als Gewinn einbringenden Betrieb; vielmehr wollte er gute Tonwaren im Land verbreiten und dadurch die Menschen an der Kunst teilhaben lassen.[22] Seine Einstellung äußerte er selbst folgendermaßen:

„ ... so kann eine Kunstanstalt bewerkstelligen, daß reine und edle Formen in Hütten und Werkstätten, in Palästen und Tempeln heimisch werden. Der Reiche und der Aermste erfreuen sich reiner und edler Formen der Thongefäße und so tritt die Kunst in der einfachsten und zugänglichsten Weise in die allgemeinste und ausgedehnteste Beziehung zum Volk"[23]

Sicherlich bestand eine Beziehung zwischen Müllers Kunstverständnis und seinen eifrigen Bestrebungen, die Qualität der Erzeugnisse der Steingutfabrik Damm durch ein Privilegium und den Erwerb der Höchster Figurenformen zu verbessern. Verständlich ist somit auch, dass es, nachdem Daniel Ernst Müller die Fabrik im Juni 1860 aufgrund seines schlechten Gesundheitszustandes verkauft hatte, zum wirtschaftlichen Wendepunkt in der Geschichte der Steingutfabrik Damm kam. Denn kein anderer Fabrikbesitzer widmete nach ihm sein Leben in diesem großen Maße dem Unternehmen oder war in gleicher Hinsicht bestrebt, Steingut von hervorragender Qualität herzustellen. Daniel Ernst Müller war demnach die treibende Kraft bei der Entwicklung der Steingutfabrik Damm und die wichtigste Persönlichkeit im Hinblick auf den großen Erfolg des Unternehmens.

---

[21] vgl. Goes, Martin, Die Wohltätigkeits- und Unterrichtsstiftungen von Aschaffenburg, Aschaffenburg 1992, S. 216
[22] vgl. Stenger, Erich, S. 38
[23] Stenger, Erich, S. 38

2. 4. 2 Jakob Heinrich von Hefner

Jakob Heinrich von Hefner leitete in der Steingutfabrik Damm seit Mai 1832 die Gestaltung der Erzeugnisse in künstlerischer Hinsicht. Beeinflusst durch seinen kunstliebenden Vater hatte er schon in früher Kindheit Zeichenunterricht erhalten und war daher bestens für diese Stelle geeignet. Doch verband ihn nicht nur sein Beruf fest mit der Steingutfabrik Damm, auch bestanden enge Beziehungen zwischen den Familien Hefner und Müller. Denn Franz Ignaz von Hefner, Jakob Heinrichs Vater, war seit Februar 1828 Geldgeber der Steingutfabrik Damm und beteiligte sich mit mehreren Geldsummen an dem Unternehmen. So kam es im Laufe der Jahre zur Verflechtung der Familien und schließlich im Jahre 1832 zur Heirat zwischen Daniel Ernst Müller und Theresia Margaretha von Hefner, welche die Schwester des Fabrikmitarbeiters Jakob Heinrich von Hefner war.[24]

Die persönliche Beziehung, die Jakob Heinrich von Hefner zur Steingutfabrik Damm pflegte, und die Tatsache, dass er die künstlerische Führungsrolle im Unternehmen inne hatte und diese mit großem Eifer ausfüllte, machten ihn zur zweiten bedeutenden Persönlichkeit, die die Entwicklung der Steingutfabrik Damm nachhaltig beeinflussten.

2. 5   Niedergang der Steingutfabrik Damm

2. 5. 1 Unter Caspar Marzell

Im Juni 1860 kaufte der in Frankfurt lebende und wohlhabende Warenhändler Caspar Marzell die Steingutfabrik Damm, die sich in bestem Zustand befand. Doch bald schon verschlechterte sich die Verfassung des Unternehmens durch die nachlässige Fabrikleitung des neuen Inhabers. Denn Marzell reiste nur zwei- bis dreimal wöchentlich nach Aschaffenburg und besaß keine Fachkenntnisse, um die Fabrik erfolgreich leiten zu können. So sank die Qualität des produzierten Steingutes immer mehr, bis nur noch herumziehende Händler die Ware kauften und diese oft noch in großen Mengen stahlen.

Zusätzlich belasteten die Kriege von 1866[25] und 1870/1871[26] die finanzielle Lage der Fabrik, denn Marzell verlor in dieser Zeit einen großen Teil seines anfangs recht

---

[24] vgl. Stenger, Erich, S. 46 f.
[25] „Deutscher Krieg" zwischen dem Deutschen Bund und dem Königreich Preußen

beachtlichen Vermögens. Letztendlich war der letzte Ausweg für den verschuldeten Fabrikinhaber, sich vor dem endgültigen finanziellen Ruin zu retten, die Versteigerung der Steingutfabrik Damm. Diese fand im April 1880 statt und sorgte für Aufruhr bei den Tageszeitungen: Sogar in Pariser Fachzeitschriften wurden die Leser über den Zusammenbruch der einst so erfolgreichen Steingutfabrik informiert.[27]

2. 5. 2 Unter Heinrich Dahlem und Ignaz Fertig

Trotz des Niedergangs im April 1880 lebte die Steingutfabrik unter den Fabrikinhabern Heinrich Dahlem und Ignaz Fertig nochmals für kurze Zeit auf. Diese kauften das Gebäude samt aller Werkzeuge und Materialvorräte im Oktober 1880 in der Hoffnung, das Unternehmen erneut betriebsfähig machen zu können. Tatsächlich wurde kurze Zeit später wieder Gebrauchsgeschirr sowie vereinzelt auch Steingutfiguren hergestellt, welche größtenteils auf Jahrmärkten verkauft wurden. Doch trotz der in Gang gebrachten Produktion machte das Unternehmen nicht genügend Einnahmen und den Fabrikleitern ging mit der Zeit das Geld aus. Bereits im Februar 1884 verkauften sie ihren gesamten Besitz an zwei zugezogene Kaufleute. Schließlich kaufte Heinrich Dahlem im Jahre 1885 die Steingutfabrik zurück und wandelte das Gebäude in eine Buntpapierfabrik um. [28]

In den folgenden Jahren versuchten weitere Unternehmer in der Steingutfabrik Damm wieder hochqualitative Ware herzustellen, doch die Pläne wurden nie verwirklicht. Das Jahr 1885 blieb schließlich das unwiderrufliche Ende der Fabrik. Nach Daniel Ernst Müller brachte es kein anderer Fabrikbesitzer zustande, die Steingutfabrik Damm wieder zu einer Glanzzeit zu führen, wie sie in den Jahren 1840-1860 dem Unternehmen zu Ruhm und Erfolg verholfen hatte.

---

[26] „Deutsch-Französischer Krieg" zwischen dem Kaiserreich Frankreich und dem Königreich Preußen
[27] vgl. Stenger, Erich S. 52 f.
[28] vgl. Stenger, Erich S. 58 f.

3.   Stellenwert der Steingutfabrik Damm und ihrer Erzeugnisse im 20.

     Jahrhundert und heute

Auch noch 100 Jahre nach ihrer Gründung wurde die Erinnerung an die Steingutfabrik

Damm wachgehalten. Zahlreiche Ausstellungen in den Jahren von 1928-1949 zeigten

die Steingutwaren und zollten ihnen den gebürtigen Respekt. Auf der Ausstellung

„Dammer Fayencen[29]" im Aschaffenburger Schloss im September 1928 hieß es:

> „Die Ausstellung <gibt Zeugnis> von der Bedeutung einer leider erloschenen ...
> Dammer Industrie, die ehedem jahrzehntelang in höchster Blüte stand, und deren
> Erzeugnisse heute auf dem Kunstmarkt sich höchster Beachtung erfreuen."[30]

Auch die Heimat der Steingutfabrik Damm zeigte Jahre nach deren Niedergang noch

Anerkennung für das einst so erfolgreiche Unternehmen: Im August 1938 fand in

Damm ein Festzug statt, bei dem das riesige Abbild einer Steingutvase sowie Frauen in

bunten Kostümen an das Dämmer Steingut erinnerten.[31]

Die Steingutfabrik Damm und ihre Erzeugnisse hatten somit auch noch im 20.

Jahrhundert eine große Bedeutung für Aschaffenburg. Leider ist dies heutzutage

weniger der Fall. Die wenigsten Menschen, die sich nicht gerade mit der heimatlichen

Kunstgeschichte beschäftigen oder Sammler von antiken Steingutteller und -figuren

sind, kennen die Steingutfabrik Damm noch. Tatsächlich sind noch nicht einmal die

Bewohner des Stadtteils Damm darüber informiert, welch bedeutendes Unternehmen

einst das Kunstverständnis der damaligen Bewohner erweiterte und in großem Maße

beeinflusste. Doch dieser Zustand ist angesichts des bemerkenswerten Werdegangs der

Steingutfabrik Damm und der Bewunderung, die einst überall im Lande für ihre

Erzeugnisse gezeigt wurde, sehr bedauernswert.

---

[29] Fayence ist die französische Bezeichnung für mit farbiger Glasur überzogene Keramik
[30] Krämer, Werner, S. 56
[31] vgl. Krämer, Werner, S. 56 f.

- 13 -

4.   Literaturverzeichnis

Verwendete Druckwerke:

1)   Goes, Martin, Die Wohltätigkeits- und Unterrichtsstiftungen von Aschaffenburg, Aschaffenburg 1992

2)   Krämer, Werner, Erinnerungen an das „Dammer-Porzellan", in: Mitteilungen aus dem Stadt- und Stiftsarchiv Aschaffenburg, Aschaffenburg 1990-1992

3)   Ohlig, Stefanie, Erfolgreiche Karriere der Höchster Modelle in Damm und Passau, in: Fichte, Luhmann, 250 Jahre Höchster Porzellan, Höchst 1996

4)   Stenger, Erich, Die Steingutfabrik Damm bei Aschaffenburg, Aschaffenburg 1990

- 14 -

5. Anhang

Abbildungsverzeichnis

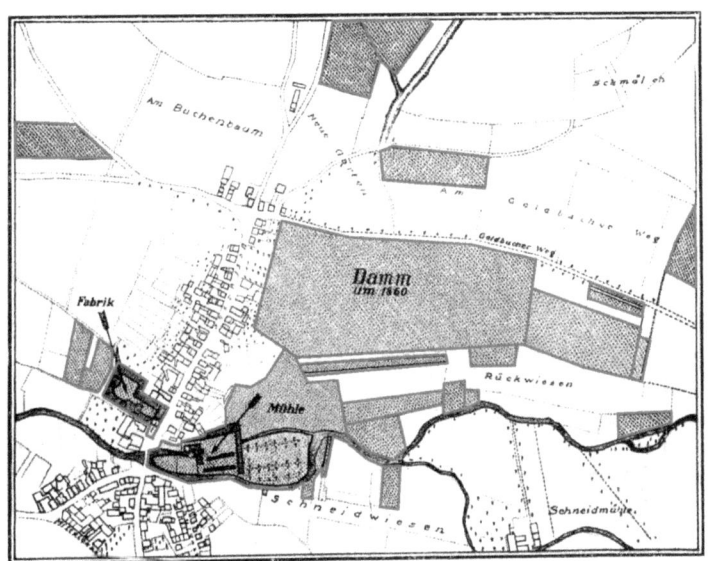

Abbildung Nr. 1

Die Steingutfabrik Damm mit Fabrikgebäude, gegenüber liegender Herrenmühle und den anliegenden tonhaltigen Äckern. Der Besitz des Daniel Ernst Müller ist rot umrandet.

Aus: Stenger, Erich, Die Steingutfabrik Damm bei Aschaffenburg, Aschaffenburg 1990

Abbildung Nr. 2

Die Herrenmühle, an der Aschaff gelegen. Links im Bild Daniel Ernst Müller mit Familie.

Aus: Stenger, Erich, Die Steingutfabrik Damm bei Aschaffenburg, Aschaffenburg 1990

Abbildung Nr. 3

Die Steingutfabrik Damm gegenüber der Herrenmühle. Auf der Brücke Daniel Ernst Müller mit Familie im Wagen.

Aus: Stenger, Erich, Die Steingutfabrik Damm bei Aschaffenburg, Aschaffenburg 1990

Abbildung Nr. 4

„Bekränzter Schläfer", Dämmer Steingut. Der Kranz in der Hand des Mädchens, der namensgebend für die Figurengruppe war, fehlt.

Aus: Ohlig, Stefanie, Erfolgreiche Karriere der Höchster Modelle in Damm und Passau, in: Fichte, Luhmann, 250 Jahre Höchster Porzellan, Höchst 1996

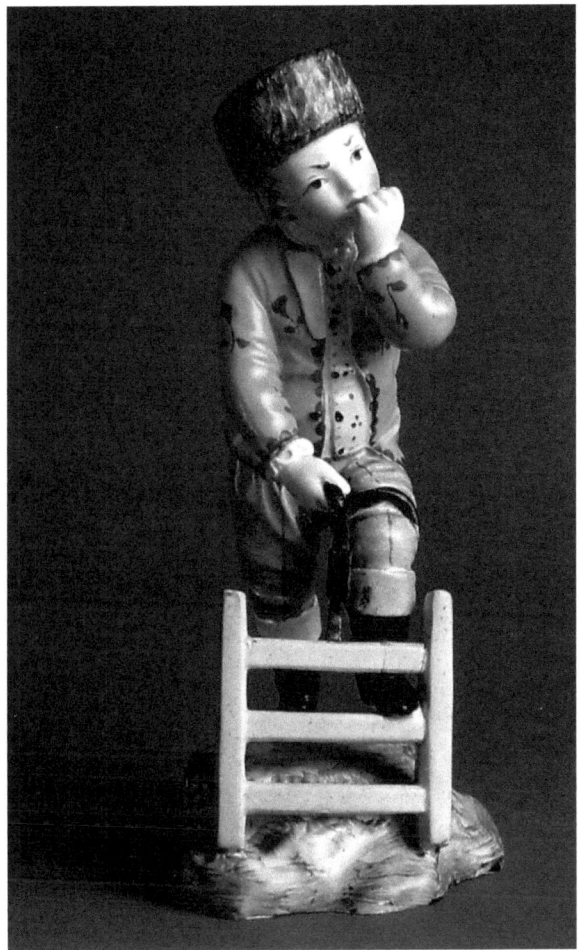

Abbildung Nr. 5

„Knabe mit Schlitten", Dämmer Steingut. Die kräftigen und kontrastreichen Farben repräsentieren den Stil der Steingutfabrik Damm.

Aus: Ohlig, Stefanie, Erfolgreiche Karriere der Höchster Modelle in Damm und Passau, in: Fichte, Luhmann, 250 Jahre Höchster Porzellan, Höchst 1996